cocina práctica

baja en grasas

TRIDENT PRESS INTERNATIONAL

créditos

Publicado por:
TRIDENT PRESS INTERNATIONAL
801 12th   Avenue South, Suite 400
Naples, FL 34102 USA
Copyright © Trident Press International 2003
Tel: + 1 239 649 7077
Fax: + 1 239 649 5832
Email: tridentpress@worldnet.att.net
Sitio web: www.trident-international.com

Cocina práctica, Baja en grasas

Fotografías: Warren Webb, Andrew Elton,
William Meppem, Andre Martin,
Ashley Mackevicius, Harm Mol,
Yanto Noerianto.
Producción fotográfica: Wendy Berecry,
Rosemary De Santis
Michelle Gorry, Donna Hay.
Desarrollo de recetas: Sherlyle Eastwood,
Sue Geraghty, Anneka Mitchell, Jody Vassallo.

EDICIÓN EN ESPAÑOL
Producción general: Isabel Toyos
Traducción: Emilia Ghelfi
Adaptación de diseño: Mikonos, Comunicación Gráfica
Corrección y estilo: Aurora Giribaldi y Marisa Corgatelli

Incluye índice
ISBN 1582794898
EAN 9781582794891
UPC 6 15269 94898 9

Edición impresa en 2003

Impreso en Colombia

Contenido

esté sano, esté en línea

La buena mesa y los platillos sabrosos son algunos de los grandes placeres de la vida. Sin embargo, hoy, con la cantidad de libros de dietas y las alarmas alimentarias que aparecen habitualmente en los medios, la comida se ha convertido en una fuente de preocupación e infelicidad para muchos. Este libro apunta a contrarrestar los mitos y falacias que rodean a los alimentos, las dietas y la nutrición. No es sólo para las personas que están controlando su peso, sino también para las que tienen interés en comer sano.

Reducir las grasas se considera actualmente la mejor manera de mantenerse en línea y saludable. Todas las propuestas que ofrecemos son bajas en grasas y en azúcar, y no llevan sal agregada. Como ventaja extra aportan un refuerzo de las tan importantes fibras, supresores naturales del apetito. Además de ser convenientes para usted y su cintura, estos platillos son deliciosos, rápidos, fáciles de preparar y se adaptan a toda la familia. Cuando los coma, ¡no sentirá que está haciendo dieta!. Cada receta tiene datos sobre las calorías, fibras y grasas que suministra.

No olvide que el control del peso es algo más que sólo un plan nutricional; si necesita perder kilos, le sugerimos que adopte un programa de ejercicios como complemento de una alimentación adecuada. Si no quiere abandonar sus platillos favoritos, siga los consejos sobre cómo adaptar las preparaciones para reducir las grasas y la sal.

cómo adaptar sus recetas
Limite las grasas

- *Cocine en el grill, en microondas o en cazuela, ase en seco, saltee o hierva en caldo.*
- *Para la cocina baja en grasas es indispensable una sartén antiadherente o "sartén seca" con una tapa bien ajustada. También resultan prácticos los revestimientos de papel siliconado que se colocan en el recipiente y transfieren el calor directo a la comida, sin necesidad de ninguna materia grasa.*
- *Para dorar carnes o verduras, pincele la sartén con aceite (no lo vierta) y cocine a fuego medio a fin de evitar que se peguen.*
- *Use pequeñas cantidades de mantequilla, margarina, aceite, crema, mayonesa y grasas para cocción.*
- *Reemplace los productos lácteos enteros por otros bajos en grasas. El yogur natural bajo en grasas es un excelente sustituto de la crema; no deje que hierva después de incorporarlo. Use leches reducidas en grasas en lugar de leche entera, y requesón, queso cottage y otros reducidos en grasas, en vez de quesos comunes.*

Reduzca la sal

- *No use sal (cloruro de sodio) en la cocina. Experimente con hierbas y especias al condimentar y su paladar se adaptará gradualmente al gusto real de los alimentos, que con frecuencia queda oculto por la sal. Si duplica la cantidad de ajo, cebolla, chile, albahaca, eneldo y jugo de limón incrementará el sabor.*
- *Los sustitutos de la sal (cloruro de potasio o una mezcla de sal y cloruro de potasio) son útiles.*
- *Compre en el supermercado productos con poca sal o sin sal. Más del 50% de la ingesta de sodio proviene de alimentos industriales como pan, mantequilla, margarina, quesos y fiambres que no siempre tienen sabor salado. Los cubos de caldo y el caldo en polvo, la salsa de soja, los adobos para carnes, la sal de ajo, la salsa Worcestershire y otras similares contienen sal agregada.*

Limite el azúcar

- *Disminuya gradualmente la cantidad de azúcar y de miel que usa.*
- *Ofrezca sustitutos de la crema batida con sus postres: helado bajo en grasas, crema de vainilla, yogur natural espeso, o una mezcla de requesón y yogur perfumada con esencia de vainilla y cáscara de limón.*

Aumente las fibras

- *Cuando sea posible, no pele las verduras; cocínelas con la piel.*
- *Use con más frecuencia el arroz integral, que aporta un interesante sabor a nuez. Pruebe el trigo sarraceno y la cebada, dos granos ricos en fibras.*
- *Agregue a sus guisados frijoles de soja o colorados, cocidos o en lata; ponga un puñado de lentejas en sus sopas.*
- *Para cubiertas, use pan molido integral y bizcochos de trigo desmenuzados (bizcochos para desayuno). Como alternativa, pruebe el salvado de avena o una mezcla de salvados de avena y de trigo.*

Ejemplos de adaptación de recetas a su nuevo estilo de vida

Antes

*Cerdo con **estragón***

4 costillas de cerdo de 200 g/7 oz cada una
4 cucharadas de harina
1 cucharadita de sal
pimienta negra recién molida
90 g/3 oz de mantequilla
1 cebolla, picada
¹/₂ taza/125 ml/4 fl oz de vino blanco seco
¹/₂ taza/125 ml/4 fl oz de caldo de pollo
1 cucharada de harina
1 taza/250 ml/8 fl oz de crema
3 cucharadas de estragón fresco picado, o 1 cucharadita de estragón seco

1 *Empolvar el cerdo con las 4 cucharadas de harina condimentada. Calentar la mantequilla en una sartén y dorar las costillas, dándolas vuelta hasta que estén doradas. Pasar a una cazuela poco profunda y mantener al calor.*
2 *Bajar la llama. Agregar a la sartén la cebolla y cocinar 2-3 minutos. Añadir el vino y el caldo; verter sobre el cerdo. Tapar y cocinar a fuego lento 30 minutos o hasta que esté cocido.*
3 *Retirar el cerdo. Mezclar la cucharada de harina con la crema y el estragón. Verter la salsa sobre el cerdo y servir.*
4 porciones

POR PORCIÓN		
	Antes	**Después**
Calorías	263	149
Kilojulios	1103	623
Grasas	22,5 g	7 g

Después

*Cerdo con **estragón***

2 solomillos de cerdo magrosde 250 g/8 oz cada uno, o 4 medallones, desgrasados
un poco de harina
pimienta negra recién molida
1 cucharada de aceite
1 cebolla, picada
¹/₂ taza/125 ml/4 fl oz de vino blanco seco
¹/₂ taza/125 ml/4 fl oz de caldo de pollo casero, desgrasado
2 cucharadas de estragón fresco picado, o ¹/₂ cucharadita de estragón seco
1 cucharada de harina
3 cucharadas de crema
¹/₂ taza/125 ml/4 fl oz de yogur natural espeso
1 cucharada extra de estragón fresco picado

1 *Combinar la harina y la pimienta y empolvar el cerdo. Colocar en un trasto para horno aceitado; hornear a 180°C/350°F/Gas 4 por 15 minutos o hasta que esté apenas cocido.*
2 *Calentar el aceite en una cacerola pequeña y cocinar la cebolla 1-2 minutos o hasta que esté dorada. Agregar el vino, el caldo y el estragón; cocinar 1-2 minutos más, raspando los lados de la sartén.*
3 *Mezclar la harina con la crema hasta homogeneizar e incorporarla a la cacerola junto con el yogur. Mantener al calor, sin que hierva.*
4 *Para servir, cortar el cerdo y colocar 3-4 tajadas en cada plato. Salsear y terminar con el estragón extra.*
4 porciones

hierbas
& especias

Hay muchos ingredientes plenos de sabor que tienen pocas o ninguna caloría y que pueden usarse para mejorar el sabor de un platillo. El ajo, la cáscara de limón, el curry en polvo, la salsa de soja son ejemplos conocidos, así como las hierbas aromáticas, ya sean frescas o secas. Comience a emplear éstas en lugar de mantequilla, crema, tocino y otros productos ricos en grasas, que con frecuencia se utilizan en la cocina tradicional.

Para los que están reduciendo la sal, las hierbas y especias son aun más importantes. Prácticamente no contienen sodio, pero si las compra envasadas no deje de controlar las etiquetas. Las hierbas surtidas, las sales de apio o de ajo y los adobos suelen incluir sal en su fórmula.

Las hierbas frescas deben picarse a último momento para que liberen sus aceites aromáticos en el platillo. Todas pueden secarse o congelarse para usar en el invierno, y las que no siempre están disponibles en el mercado, como la alcaravea, el perifollo, la melisa, la pimpinela, la ajedrea y la acedera, pueden cultivarse fácilmente en el jardín o el balcón. La albahaca, el tomillo, la mejorana y el mastuerzo funcionan como sustitutos de la pimienta. Como reemplazo de la sal, pruebe la albahaca, la ajedrea, el levístico, el tomillo y la mejorana. La borraja también resulta fantástica.

Realce el sabor de sus comidas favoritas

Pescado: Laurel, cebollín, eneldo, hinojo, rábano picante, orégano, perejil, estragón.

Pollo, pavo: Ajo, pimienta, romero, salvia, estragón, tomillo.

Res, ternera: Comino, ajo, rábano picante, mejorana, orégano, pimienta, tomillo.

Cordero: Coriandro, menta, romero, acedera.

Cerdo: Ajedrea, jengibre, alcaravea, páprika, ajo, salvia, tomillo.

Verduras: Albahaca, borraja, alcaravea, cebollín, perifollo, coriandro, hinojo, eneldo, ajo, menta, mostaza, mastuerzo, orégano, perejil, pimienta, salvia, pimpinela, tomillo.

Huevos: Albahaca, alcaravea, perifollo, cebollín, salvia.

Frutas: Pimienta de Jamaica, anís, canela, clavo de olor, jengibre, nuez moscada, vainilla.

albahaca

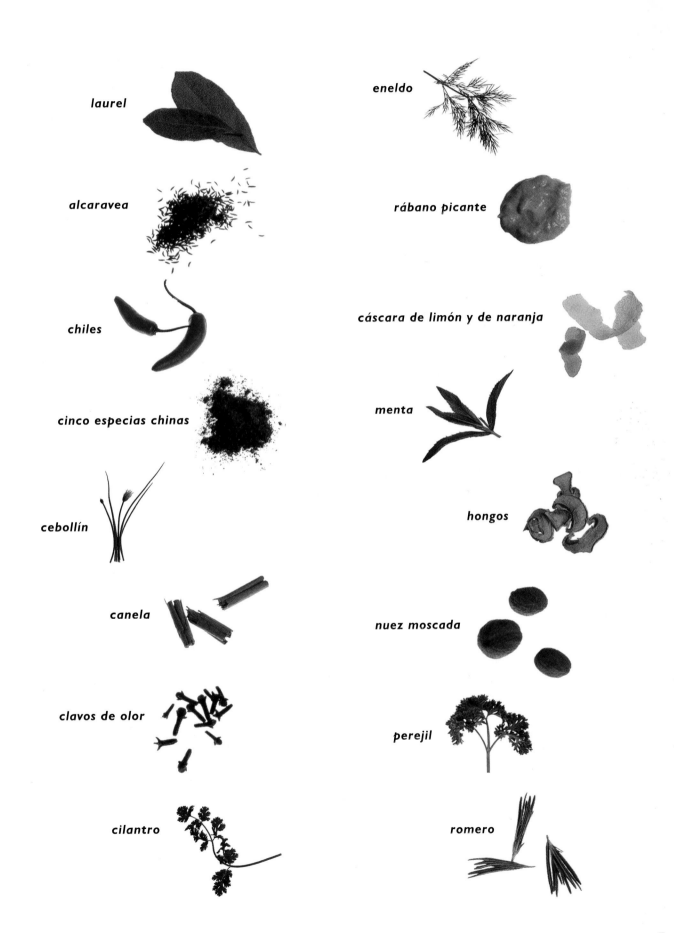

laurel

eneldo

alcaravea

rábano picante

chiles

cáscara de limón y de naranja

cinco especias chinas

menta

cebollín

hongos

canela

nuez moscada

clavos de olor

perejil

cilantro

romero

7

granola inflada con frutas secas

empieza
el día

No es cuestión de perderse la vitalidad

y el bienestar que se obtienen con el desayuno por no dedicarle unos pocos minutos. Un desayuno equilibrado lo mantendrá en marcha hasta el almuerzo y alejará la tentación de comer entre horas.

muesli
poderoso

Preparación

1 Colocar la avena en hojuelas y el coco en un trasto para horno. Hornear 15-20 minutos, o hasta que estén tostados; revolver varias veces para que tomen color parejo. Retirar y dejar enfriar.

2 Mezclar en un bol la avena en hojuelas y el coco fríos, el salvado de avena, el germen de trigo, los copos de avena, las semillas de girasol, los duraznos secos, las peras secas y las pasas.

Sugerencia: Esparcir chips de banana, si se desea, y terminar con leche bien fría o jugo.

20 porciones

125 calorías por porción
Medio en grasas   **Medio** en fibras

ingredientes

4 tazas/380 g de avena en hojuelas
2 cucharadas de coco rallado
3 cucharadas de salvado de avena
3 cucharadas de germen de trigo
I taza/40 g de copos de avena
3 cucharadas de semillas de girasol
4 cucharadas de duraznos secos, picados
3 cucharadas de peras secas, picadas
3 cucharadas de pasas de Corinto

Temperatura del horno 180°C/350°F/Gas 4

granola
inflada con frutas secas

Foto en página 9

Preparación

1 Colocar el maíz inflado, la avena en hojuelas, el salvado, las nueces, el coco, la canela, el jugo de manzana y la miel en un bol y mezclar bien.

2 Poner la mezcla en una fuente refractaria baja, esparcirla en forma pareja y hornear, revolviendo cada tanto, 20-30 minutos o hasta que esté dorada.

3 Dejar enfriar un poco. Agregar los albaricoques, las peras y los dátiles y combinar. Dejar enfriar por completo. Guardar en un recipiente hermético.

10 porciones

259 calorías por porción
Bajo en grasas   **Rico** en fibras

ingredientes

90 g/3 oz de maíz inflado
I taza/90 g/3 oz de avena en hojuelas
1/2 taza/30 g/I oz de cereal de salvado
90 g/3 oz de nueces del Brasil, picadas gruesas
30 g/I oz de coco en escamas
I cucharadita de canela molida
1/3 taza/90 ml/3 fl oz de jugo de manzana sin azúcar
2 cucharadas de miel
125 g/4 oz de albaricoques secos, picados
125 g/4 oz de peras secas, picadas
90 g/3 oz de dátiles frescos o secos, sin hueso, picados

Temperatura del horno 180°C/350°F/Gas 4

porridge
con frutas y yogur

Preparación

I Colocar la leche, la avena en hojuelas, las manzanas, las sultanas y la canela en una olla y mezclar para combinar. Cocinar a fuego medio, revolviendo, 5-7 minutos o hasta que la avena esté blanda. Distribuir en tazones y servir con una cucharada de yogur por encima.

2 porciones

382 calorías por porción
Medio en grasas   **Rico** en fibras

ingredientes

2 tazas/500 ml/16 fl oz de leche baja en grasas
³/₄ taza/75 g/2 ¹/₂ oz de avena en hojuelas
3 cucharadas de manzanas secas picadas
3 cucharadas de pasas de uva sultanas
I cucharadita de canela molida
2 cucharadas de yogur natural bajo en grasas, o yogur frutado dietético

desayuno
de frutas de verano

Preparación

1 Colocar las nectarinas, los duraznos, las frambuesas y los arándanos en un bol y mezclar. Dividir en tazones.

2 Poner el yogur, el germen de trigo y el jarabe de arce en un bol y combinar. Verter sobre las frutas y servir.

4 porciones

155 calorías por porción
Bajo en grasas   **Rico** en fibras

ingredientes

3 nectarinas, en cascos
3 duraznos, en cascos
125 g/4 oz de frambuesas
125 g/4 oz de arándanos
1 taza/200 g/6 $^1/_2$ oz de yogur de vainilla bajo en grasas
45 g/1 $^1/_2$ oz de germen de trigo
1 cucharada de jarabe de arce

panqueques
integrales de frutas secas

Preparación

1 Poner la harina y el azúcar en un bol y mezclar. Agregar el yogur, la leche y el huevo y batir ligeramente para combinar. Incorporar con movimientos envolventes los arándanos y las macadamias.

2 Calentar una sartén antiadherente a fuego bajo, echar 2 cucharadas de la mezcla y cocinar 2 minutos o hasta que aparezcan burbujas en la superficie. Dar vuelta el panqueque y cocinar 2 minutos más o hasta que esté dorado el segundo lado. Retirar de la sartén y repetir con el resto de la pasta.

4 porciones

456 calorías por porción
Medio en grasas   **Rico** en fibras

ingredientes

1 taza/155 g/5 oz de harina leudante integral
1/2 taza/90 g/3 oz de azúcar morena
250 g/8 oz de yogur natural bajo en grasas
1/3 taza/90 ml/3 fl oz de leche reducida en grasas
1 huevo, ligeramente batido
250 g/8 oz de arándanos
90 g/3 oz de macadamias, picadas gruesas

frittata
de hongos surtidos

Preparación

1 *Poner los huevos, la leche, la mostaza, el eneldo y pimienta negra a gusto en un bol y batir para combinar.*
2 *Calentar una sartén antiadherente a fuego medio, rociar con aceite poliinsaturado en aerosol, agregar las cebollas de rabo y cocinar, revolviendo, 2 minutos. Agregar los hongos ostra, los campestres y los champiñones y cocinar, revolviendo, 3 minutos más o hasta que estén tiernos.*
3 *Verter la mezcla de huevo en la sartén y cocinar a fuego bajo 5 minutos o hasta que la frittata esté casi hecha.*
4 *Colocar la sartén bajo el grill precalentado a fuego medio y cocinar 3 minutos o hasta que la superficie esté dorada.*

4 porciones

114 calorías por porción
Bajo *en grasas*   **Medio** *en fibras*

ingredientes

4 huevos, ligeramente batidos
¹/₂ taza/125 ml/4 fl oz de leche reducida en grasas
1 cucharada de mostaza de Dijon
2 cucharadas de eneldo fresco picado
pimienta negra recién molida
aceite poliinsaturado en aerosol
4 cebollas de rabo, picadas
125 g/4 oz de hongos ostra, rebanados
125 g/4 oz de hongos campestres, rebanados
125 g/4 oz de champiñones, rebanados

panecillos
con pavo

Preparación

I Colocar sobre las mitades de los panecillos las tajadas de tomate, las lonjas de pavo, el queso y pimienta negra a gusto. Llevar al grill precalentado hasta que se calienten.

2 porciones

250 calorías por porción
Bajo en grasas   **Medio** en fibras

ingredientes

2 panecillos, cortados por el medio y tostados

Cubierta
I tomate, rebanado
2 lonjas de pechuga de pavo cocida
3 cucharadas de queso sabroso bajo en grasas, rallado
pimienta negra recién molida

tentempié
oportuno

bizcochos de muesli

tentempié oportuno

Los refrigerios no necesariamente son

los culpables de nuestro fracaso para perder peso.
Cuando están bien organizados, pueden formar parte
de un plan de alimentación saludable. Sin embargo,
recuerde que algunos bocadillos aportan casi
exclusivamente grasas, sal y muchas calorías
indeseables.

arrollados
de pizza crocantes

Preparación

1 *Untar cada disco de pan con 1 cucharada de extracto de tomate, dejando un borde de 2 cm/³/₄ in. Cubrir con el pimiento verde, el jamón, las cebollas de rabo y el queso.*

2 *Enrollar y cortar por la mitad. Asegurar con palillos. Colocar los arrollados en una bandeja para horno y hornear 20 minutos o hasta que el pan esté crocante. Servir calientes o fríos.*

8 unidades

102 calorías por unidad
Bajo *en grasas*   **Bajo** *en fibras*

ingredientes

2 panes árabes integrales grandes, partidos por el medio
4 cucharadas de extracto de tomate
¹/₂ pimiento verde, picado
2 lonjas de jamón reducido en grasas, picadas
2 cebollas de rabo, picadas
60 g/2 oz de queso cheddar reducido en grasas, rallado

Temperatura del horno 180°C/350°F/Gas 4

bizcochos
de muesli

Foto en página 17

Preparación

1 *Colocar en un procesador la harina, el azúcar y la margarina y procesar hasta obtener un granulado.*

2 *Pasar a un bol, agregar el muesli, las sultanas, las especias surtidas, la leche, el yogur y el huevo y mezclar hasta formar una masa suave, ligeramente pegajosa.*

3 *Tomar 2 cucharadas de mezcla y colocar sobre una bandeja para horno antiadherente. Repetir con el resto de mezcla y hornear 15 minutos o hasta que los bizcochos estén cocidos y dorados. Enfriar sobre rejilla.*

20 unidades

113 calorías por unidad
Bajo *en grasas*   **Medio** *en fibras*

ingredientes

1 ³/₄ taza/280 g/90 oz de harina leudante integral
¹/₃ taza/90 g/3 oz de azúcar
75 g/2 ¹/₂ oz de margarina poliinsaturada, en trocitos
³/₄ taza/90 g/3 oz de muesli natural, sin tostar
¹/₄ taza/45 g/1 ¹/₂ oz de pasas de uva sultanas
¹/₂ cucharadita de especias surtidas
¹/₂ taza/125 ml/ 4 fl oz de leche baja en grasas o buttermilk
¹/₄ taza/45 g/1 ¹/₂ oz de yogur natural bajo en grasas
1 huevo, ligeramente batido

Temperatura del horno 190°C/375°F/Gas 5

sándwiches
de panqueques

Preparación

1 *En un bol combinar la harina y el azúcar. Hacer un hoyo en el centro, agregar el huevo y la leche y mezclar hasta homogeneizar.*

2 *Calentar una sartén antiadherente a fuego medio, echar cucharadas de pasta y cocinar 1 minuto de cada lado o hasta dorar. Retirar el panqueque y mantener al calor. Repetir con el resto de la pasta hasta hacer 12 panqueques.*

3 *Para preparar el relleno, colocar el requesón, el jugo de limón y el azúcar en un procesador o licuadora y procesar hasta homogeneizar.*

4 *Para armar, distribuir el relleno sobre la mitad de los panqueques y cubrir con los restantes.*

6 unidades

136 calorías por unidad
Bajo *en grasas* **Bajo** *en fibras*

ingredientes

³/₄ taza/90 g/3 oz de harina leudante
1 cucharada de azúcar
1 huevo, ligeramente batido
³/₄ taza/185 ml/6 fl oz de leche baja en grasas o buttermilk

Relleno de requesón y limón
¹/₂ taza/125 g/4 oz de requesón
2 cucharadas de jugo de limón
1 cucharada de azúcar

sopa
de calabaza al curry

Preparación

1 *Calentar aceite en una cacerola grande. Cocinar la cebolla, el coriandro, el comino y el chile en polvo hasta que la cebolla esté blanda.*

2 *Cortar la calabaza en cubos y agregarla a la cacerola junto con el caldo. Cocinar 20 minutos o hasta que esté tierna, luego enfriar ligeramente. Por tandas, pasar la sopa a un procesador o licuadora y procesar hasta homogeneizar.*

3 *Colocar de nuevo la sopa en la cacerola y calentar. Condimentar a gusto con pimienta.*

4 porciones

144 calorías por porción
Bajo *en grasas*   **Medio** *en fibras*

ingredientes

1 cucharada de aceite poliinsaturado
1 cebolla grande, picada
$^1/_2$ cucharadita de coriandro molido
$^1/_2$ cucharadita de comino molido
$^1/_2$ cucharadita de chile en polvo
1 kg/2 lb de calabaza, pelada
y sin semillas
4 tazas/1 litro de caldo de pollo
pimienta negra recién molida

pan
de hierbas y queso

Preparación

1 Mezclar en un bol la harina, la avena, el salvado, el queso bajo en grasas, el parmesano, el cebollín y el perejil. Hacer un hoyo en el centro, agregar la leche y el aceite y mezclar para combinar.

2 Batir las claras a punto de turrón. Incorporar suavemente a la masa con movimientos envolventes.

3 Colocar la masa en un molde antiadherente de 23 x 12 cm/9 x 5 in. Hornear 40 minutos.

12 porciones

161 calorías por porción
Medio *en grasas* **Rico** *en fibras*

ingredientes

1 ¼ taza/170 g de harina integral leudante

1 taza/90 g de avena en hojuelas

1 taza/ 45 g de salvado sin procesar

½ taza/ 60 g de queso bajo en grasas, rallado

1 cucharada de queso parmesano rallado

2 cucharadas de cebollín picado

2 cucharadas de perejil fresco picado

1 taza/250 ml de leche baja en grasas

4 cucharadas de aceite de girasol

3 claras

Temperatura del horno 180°C/350°F/Gas 4

21

focaccia
de requesón

Preparación

1 *Untar cada trozo de focaccia con mostaza; disponer encima los tomates, el pimiento y los hongos.*

2 *Colocar el requesón, el romero y pimienta negra a gusto en un bol y mezclar. Cubrir los vegetales con el requesón. Llevar al grill precalentado 3 minutos o hasta calentar y dorar ligeramente.*

2 porciones

355 calorías por porción
Medio *en grasas*   **Rico** *en fibras*

ingredientes

**2 cuadrados de focaccia de 12 ¹/₂ cm/
5 in, cortados por el medio y tostados
2 cucharadas de mostaza en grano
2 tomates, rebanados
¹/₂ pimiento verde, rebanado
4 hongos, rebanados
4 cucharadas de requesón
2 cucharaditas de romero fresco picado
pimienta negra recién molida**

focaccia
griega de atún

Preparación

1 Cortar la focaccia por el medio en sentido horizontal y tostar ligeramente en el grill precalentado.

2 Cubrir cada trozo de pan con el queso feta, la rúcula o el berro, el atún, los tomates secos, las alcaparras y los anillos de cebolla. Terminar con el eneldo.

4 porciones

445 calorías por porción
Bajo *en grasas* ***Rico*** *en fibras*

ingredientes

2 cuadrados de focaccia de 10 cm/4 in
90 g/3 oz de queso feta marinado
o común, desmenuzado
1/2 atado de rúcula o berro
440 g/14 oz de atún en lata
en salmuera o en agua, escurrido
60 g/2 oz de tomates secos en aceite,
escurridos y rebanados
1 cucharada de alcaparras, escurridas
1 cebolla, en anillos finos
1 cucharada de eneldo fresco picado

en línea
con pescados

salmón con pimienta y menta

en línea con pescados

Los productos de mar son un excelente

recurso para quienes quieren estar delgados. Todos tienen pocas calorías, incluso menos que la carne de res o de pollo más magra, y no hace falta desgrasarlos. Sólo cocínelos en el grill, la parrilla o el horno, al vapor, por hervido o en microondas para no aumentar el valor calórico.

papas
crocantes

Preparación

1 Cortar las papas en cascos. Colocar sobre una bandeja para horno apenas engrasada y rociar ligeramente con aceite poliinsaturado en aerosol.
2 Esparcir la sal y el romero sobre las papas y hornear, dando vuelta cada tanto, durante 35-45 minutos o hasta que estén crocantes y doradas.
Nota: Nada como las papas crocantes para complementar su platillo de pescado.

6 porciones

66 calorías por porción
Bajo en grasas   **Bajo** en fibras

ingredientes

**6 papas, cepilladas
aceite poliinsaturado en aerosol
sal marina
1 cucharada de romero fresco picado**

Temperatura del horno 200°C/400°F/Gas 6

salmón
con pimienta y menta

Foto en página 25

Preparación

1 Para hacer la marinada, colocar el vino, el jugo de lima, la menta y la pimienta negra en una fuente grande y baja de vidrio o cerámica y combinar.
2 Agregar el salmón y marinar 10 minutos. Dar vuelta una vez. Escurrir y cocinar sobre la barbacoa precalentada o en el grill caliente 2-3 minutos de cada lado o hasta que la carne del salmón se separe al probar con un tenedor. Servir de inmediato.

4 porciones

216 calorías por porción
Medio en grasas   **Bajo** en fibras

ingredientes

4 postas de salmón

Marinada de pimienta y menta
**3 cucharadas de vino blanco seco
2 cucharadas de jugo de lima
2 cucharadas de menta fresca picada
2 cucharaditas de granos de pimienta
negra machacados**

filetes
de trucha marinados

Preparación

1 Para hacer la marinada, colocar el jugo de lima, el tomillo, la mostaza, el laurel y pimienta negra a gusto en una fuente baja de vidrio o cerámica.

2 Agregar los filetes de trucha y marinar 15 minutos, dando vuelta varias veces. Escurrir bien.

3 Calentar una sartén antiadherente a fuego medio. Agregar las truchas y cocinar 2-3 minutos de cada lado o hasta que su carne se separe al probar con un tenedor. Servir de inmediato.

6 porciones

324 calorías por porción
Bajo *en grasas*   ***Bajo*** *en fibras*

ingredientes

12 filetes de trucha pequeños

Marinada de lima y tomillo
2 cucharadas de jugo de lima
2 cucharadas de tomillo alimonado o común picado, o 1 cucharadita de tomillo seco
1 cucharada de semillas de mostaza amarilla
2 hojas de laurel
pimienta negra recién molida

kebabs
de pescado con especias

Preparación

1 Insertar el pescado en pinchos ligeramente aceitados. Combinar la páprika, la pimienta, el comino y el chile en polvo y espolvorear el pescado.

2 Cocinar las kebabs en el grill caliente o en la barbacoa 2-3 minutos de cada lado o hasta que el pescado esté cocido.

3 Para hacer la salsa, colocar el yogur, el jugo de limón, el tomillo y pimienta negra a gusto en un bol y mezclar. Servir con las kebabs.

4 porciones

242 calorías por porción
Medio en grasas   **Bajo** en fibras

ingredientes

750 g/1 ½ lb de filetes de pescado blanco firme, en cubos de 2 ½ cm/1 in
1 cucharada de páprika
2 cucharaditas de granos de pimienta negra machacados
1 cucharadita de comino molido
½ cucharadita de chile en polvo

Salsa de limón y yogur
½ taza /100 g/3 ½ oz de yogur natural bajo en grasas
1 cucharada de jugo de limón
1 cucharada de tomillo alimonado fresco picado, o ½ cucharadita de tomillo seco
pimienta negra recién molida

postas
de pescado con salsa italiana

Preparación

1 Pincelar las postas de pescado con el jugo de limón. Llevar al grill precalentado y cocinar 4-5 minutos de cada lado. Retirar y mantener al calor.

2 Colocar los chalotes, el ajo, los tomates, los champiñones, el vino, la albahaca, el orégano y pimienta a gusto en una cacerola. Llevar a hervor. Bajar la llama y cocinar a fuego lento 8-10 minutos.

3 Disponer las postas de pescado en los platos. Salsear y cubrir con queso parmesano.

4 porciones

206 calorías por porción
Bajo *en grasas* **Medio** *en sodio*

ingredientes

4 postas de pescado blanco de 150 g/
5 oz cada una
2 cucharadas de jugo de limón
6 chalotes, bien picados
1 diente de ajo, machacado
400 g/13 oz de tomates sin sal en lata
200 g/6 $^1/_2$ oz de champiñones, rebanados
$^1/_2$ taza/125 ml de vino tinto
2 cucharaditas de albahaca fresca
finamente picada
$^1/_2$ cucharadita de orégano seco
pimienta negra recién molida
2 cucharadas de queso parmesano
rallado

Temperatura del horno 200°C/400°F/Gas 6

soufflés
de salmón

Preparación

1 *Mezclar el salmón, las ostras, las alcaparras, el eneldo, la salsa Tabasco y el queso cottage en un bol. Condimentar a gusto con pimienta.*

2 *Batir las claras a punto de turrón e incorporarlas con movimiento suave y envolvente. Distribuir en 4 moldes individuales para soufflé ligeramente engrasados y hornear 30-35 minutos.*

4 porciones

132 calorías por porción
Bajo *en grasas*   **Bajo** *en fibras*

ingredientes

220 g/7 oz de salmón rosado sin sal en lata, escurrido y desmenuzado
100 g/3 ¹/₂ oz de ostras envasadas, escurridas, enjuagadas y picadas
2 cucharaditas de alcaparras bien picadas
1 cucharadita de eneldo fresco finamente picado
2-3 golpes de salsa Tabasco
1 taza/250 g de queso cottage bajo en grasas
pimienta negra recién molida
4 claras

pescado
teriyaki

Preparación

1 Colocar los filetes de pescado en una sola capa en una fuente baja. Para hacer la marinada, mezclar la salsa teriyaki, la miel, el jerez, el jengibre y el ajo; verter sobre el pescado. Tapar y marinar 1 hora.
2 Echar las semillas de ajonjolí en una sartén y cocinar a fuego medio hasta que estén doradas, revolviendo con frecuencia.
3 Retirar el pescado de la marinada y asar a la parrilla 2-3 minutos de cada lado. Humedecer cada tanto con la marinada durante la cocción. Servir con semillas de ajonjolí esparcidas por encima.

4 porciones

270 calorías por porción
Bajo en grasas   **Bajo** en fibras

ingredientes

4 filetes grandes de pescado blanco
2 cucharaditas de semillas de ajonjolí

Marinada
3 cucharadas de salsa teriyaki
1 cucharada de miel
1 cucharada de jerez seco
$1/4$ cucharadita de jengibre fresco rallado
1 diente de ajo, machacado

paquetes
de pescado al limón

Preparación

1 *Engrasar ligeramente 4 láminas de papel de aluminio y colocar un filete de pescado en el centro.*

2 *Disponer encima de cada filete 1 cucharadita de alcaparras. Verter el jugo de limón y condimentar con pimienta. Colocar 2 puntas de espárragos sobre cada filete y espolvorear ligeramente con páprika.*

3 *Doblar los bordes del papel para encerrar el pescado. Colocar los paquetes sobre una bandeja para horno y hornear 15-20 minutos o hasta que la carne del pescado se separe al probar con un tenedor. Desenvolver para servir.*

4 porciones

125 calorías por porción
Bajo en grasas   **Bajo** en fibras

ingredientes

4 filetes grandes de pescado blanco
1 cucharada de alcaparras,
bien picadas
$^1/_2$ taza/125 ml de jugo de limón
pimienta negra recién molida
8 puntas de espárragos frescas
o en lata
$^1/_2$ cucharadita de páprika

Temperatura del horno 180°C/350°F/Gas 4

pescado
al vapor con especias y frutas secas

Preparación

1 *Secar el pescado con papel absorbente y reservar.*

2 *Colocar el cilantro, el cebollín, el ajo, el jengibre, el comino, la páprika, la cúrcuma, la pimienta de Cayena y el jugo de lima en una fuente baja de vidrio o cerámica y mezclar. Agregar el pescado, tapar y marinar en el refrigerador 2 horas.*

3 *Cortar cuatro círculos de papel de aluminio por lo menos 10 cm/4 in más grandes que los filetes en todos sus lados. Doblar cada círculo por la mitad, recortar una forma de medio corazón y desplegar.*

4 *Colocar un filete sobre cada corazón de papel, cerca de la línea central, y esparcir encima los pistachos. Doblar el papel sobre el pescado y enrollar los bordes para sellar. Colocar los paquetes en una rejilla de alambre sobre un trasto para horno. Verter 1/2 taza/125 ml/4 fl oz de agua caliente y hornear 15 minutos o hasta que la carne del pescado se separe al probar con un tenedor.*

4 porciones

289 calorías por porción
Medio *en grasas* **Medio** *en fibras*

ingredientes

4 filetes de pescado blanco firme
2 cucharadas de cilantro fresco picado
2 cucharadas de cebollín fresco tijereteado
2 dientes de ajo, machacados
1 trozo de jengibre fresco de 2 1/2 cm/ 1 in, bien picado
2 cucharaditas de comino molido
2 cucharaditas de páprika
1 cucharadita de cúrcuma molida
1/4 cucharadita de pimienta de Cayena
2 cucharadas de jugo de lima
90 g/3 oz de pistachos, tostados y picados gruesos

bolsillos de pollo y mango

es hora de almorzar

Con excepción del desayuno, el almuerzo

es la comida que más se omite. Es, sin embargo, la pausa más necesaria para superar el impacto cotidiano de trabajar en la oficina o en el hogar, y previene los ataques de hambre que llevan a transgredir la dieta.

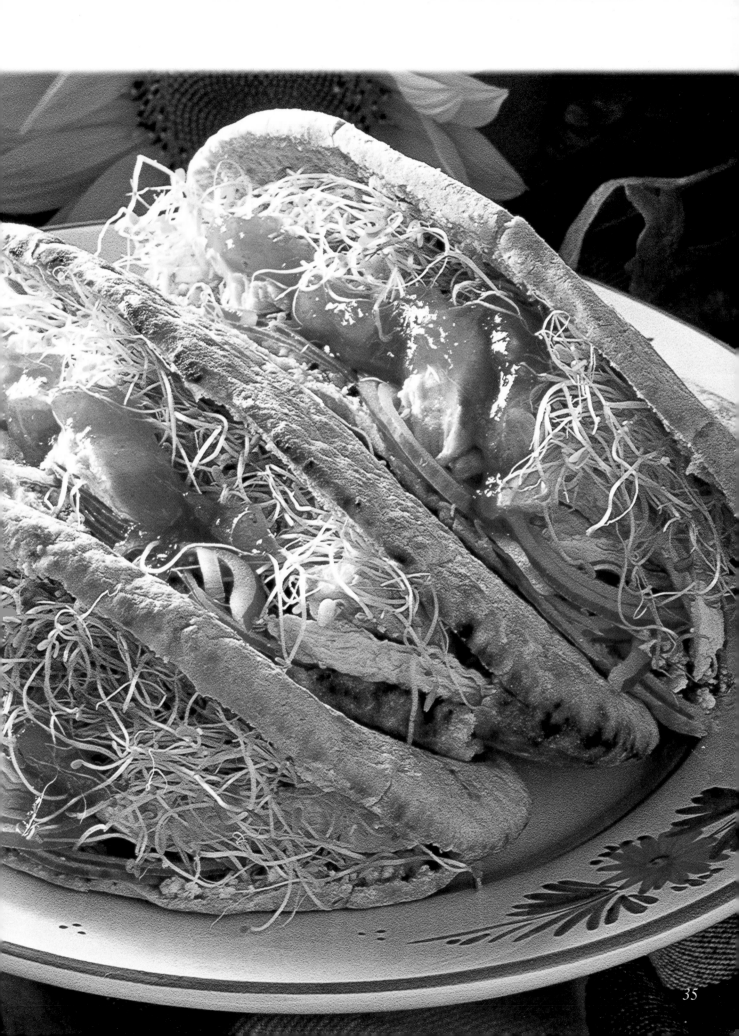

sándwich
en capas

ingredientes

Preparación

1 Cortar el pan en cuatro capas iguales.
2 Para la capa de brotes, colocar el extracto de tomate, el yogur y el coriandro en un bol y mezclar. Colocar los brotes de alfalfa, de soja y de comelotodo o berro sobre la primera capa de pan. Cubrir con la mezcla de yogur y la segunda capa de pan.
3 Para la capa de carne, untar el pan con la mostaza, luego disponer la carne, la lechuga, el pimiento y la tercera capa de pan.
4 Para la capa de ensalada, cubrir el pan con los tomates, los pepinillos y el pepino y tapar con la capa superior del pan. Servir cortado en porciones.

4 porciones

342 calorías por porción
Bajo en grasas   **Rico** en fibras

1 hogaza redonda de pan de centeno o integral

Capa de brotes surtidos
2 cucharaditas de extracto de tomate
4 cucharadas de yogur natural bajo en grasas
1 cucharadita de coriandro molido
90 g/3 oz de brotes de alfalfa
60 g/2 oz de brotes de soja
90 g/3 oz de brotes de comelotodo o berro

Capa de carne
3 cucharaditas de mostaza francesa
4 lonjas de carne de res tierna y magra, poco cocida
4 hojas de lechuga a elección
1/2 pimiento rojo, picado

Capa de ensalada de tomate
2 tomates, rebanados
3 pepinillos encurtidos, rebanados
1/2 pepino fresco, rebanado

bolsillos
de pollo y mango

ingredientes

Preparación

1 Hacer un corte en la parte superior de cada pan árabe. Reservar.
2 Colocar el requesón, el pepino, la menta y el comino en un bol y unir. Untar con la mezcla el interior de cada pan; rellenar con la cebolla, los brotes de alfalfa, el pollo y el chutney.

4 porciones

449 calorías por porción
Medio en grasas   **Medio** en fibras

4 panes árabes integrales
90 g/3 oz de requesón
1 pepino pequeño, picado
2 cucharadas de menta fresca picada
1 cucharadita de comino molido
1 cebolla colorada, rebanada fina
90 g/3 oz de brotes de alfalfa
500 g/1 lb de pollo cocido, sin piel y desmenuzado
4 cucharadas de chutney de mango

lasaña

Preparación

1 Calentar el aceite en una sartén. Cocinar la cebolla y el ajo 2-3 minutos. Agregar la carne y cocinar a fuego medio hasta que esté bien dorada. Combinar los frijoles de soja, los tomates, el extracto de tomate, 2 cucharaditas de albahaca, el orégano y el azúcar. Escurrir los jugos de la sartén y agregar la mezcla de tomate, revolviendo. Cocinar a fuego lento, sin tapar, 15 minutos o hasta que la salsa espese ligeramente.

2 Disponer la mitad de la preparación de carne sobre la base de una fuente refractaria de 15 x 25 cm/6 x 10 in. Cubrir con 3 planchas de lasaña, colocadas una al lado de la otra. Repetir con la preparación de carne y las planchas de lasaña restantes.

3 Colocar el requesón, el queso cottage y la clara en un procesador o licuadora y procesar hasta homogeneizar. Extender sobre la lasaña. Cubrir con el queso parmesano y la albahaca restante. Hornear 35-40 minutos o hasta que esté tierna.

Cómo bajamos las grasas y las calorías: *Preparamos el relleno con carne molida magra y lo enriquecimos con soja. En lugar de la habitual y suculenta salsa bechamel, empleamos quesos magros y clara para la cubierta.*

4 porciones

262 calorías por porción
Bajo en grasas   ***Rico*** en fibras

ingredientes

2 cucharadas de aceite de oliva
1 cebolla, picada
1 diente de ajo, machacado
155 g/5 oz de carne de res magra, molida
315 g/10 oz de frijoles de soja en lata, escurridos
440 g/14 oz de tomates pelados en lata, sin escurrir y triturados
1 cucharada de extracto de tomate
1 ¹/₂ cucharada de albahaca fresca picada
¹/₄ cucharadita de hojas de orégano secas
¹/₄ cucharadita de azúcar
6 planchas de masa instantánea para lasaña de espinaca
¹/₂ taza/125 g de requesón
¹/₂ taza/125 g de queso cottage
1 clara
1 cucharada de queso parmesano rallado

Temperatura del horno 200°C/400°F/Gas 6

rollos
de pollo y espárragos

Preparación

1 Cocinar los espárragos por hervido, al vapor o en microondas hasta que estén apenas tiernos. Escurrir y dejar enfriar.

2 Colocar el pollo y el chutney en un bol y mezclar. Cubrir cada pan con la mezcla de pollo, los espárragos, el pepino y el pimiento. Enrollar.

2 porciones

465 calorías por rollo
Medio en grasas   **Rico** en fibras

ingredientes

250 g/8 oz de puntas de espárragos
125 g/4 oz de pollo cocido, sin piel, desgrasado y picado
1 cucharada de chutney de tomate
2 panes árabes integrales grandes
¹/₂ pepino, rebanado
1 pimiento verde, rebanado

arroz
con especias, tomate y verduras

Preparación

1 Calentar el aceite en una cacerola grande. Cocinar la cebolla, el pimiento y el chile 3-4 minutos. Agregar las dos clases de arroz, mezclar bien y cocinar 3-4 minutos.

2 Incorporar los tomates junto con el caldo o el agua. Llevar a hervor y cocinar a fuego lento 30 minutos o hasta que el líquido se absorba y el arroz esté tierno. Condimentar a gusto.

4 porciones

182 calorías por porción
Bajo *en grasas* ***Rico*** *en fibras*

ingredientes

1 cucharada de aceite de oliva
1 cebolla, rebanada
1 pimiento verde, en cubos
1 chile rojo, sin semillas y bien picado
³/₄ taza/170 g de arroz blanco
³/₄ taza/170 g de arroz integral
de cocción rápida
400 g/13 oz de tomates pelados
en lata, sin escurrir y picados gruesos
1 ¹/₂ taza/375 ml de caldo de verduras
o agua
pimienta negra recién molida

sopa de ajo
y tomate asados

Foto en página 41

Preparación

1 *Ubicar los tomates y el ajo en una fuente refractaria baja ligeramente engrasada, pincelar apenas con el aceite y condimentar con sal y pimienta negra a gusto. Hornear 30 minutos o hasta que el ajo esté dorado y los tomates, blandos. Enfriar levemente.*

2 *En un procesador o licuadora colocar los tomates, el ajo y el caldo, por tandas, y procesar hasta homogeneizar.*

3 *Disponer la mezcla licuada y la cebolla en una cacerola, llevar a hervor suave y cocinar a fuego lento 10 minutos o hasta que esté caliente. Incorporar la albahaca y servir.*

6 porciones

71 calorías por porción
Bajo *en grasas* **Medio** *en fibras*

ingredientes

**1 kg/2 lb de tomates italianos,
en mitades
5 dientes de ajo, pelados
1 cucharada de aceite de oliva
sal marina
pimienta negra recién molida
6 tazas/1 ¹/₂ litro/2 ¹/₂ pt de caldo
de verduras
1 cebolla colorada grande, bien picada
3 cucharadas de albahaca fresca picada**

Temperatura del horno 190°C/375°F/Gas 5

sopa
de puerro y chirivía

Foto en página 41

Preparación

1 *Calentar el aceite y la mantequilla en una olla a fuego medio, añadir los puerros y cocinar 5 minutos o hasta que estén dorados.*

2 *Agregar las chirivías, la cáscara de naranja y 1 taza/250 ml/8 fl oz de caldo, tapar y cocinar a fuego lento 15 minutos o hasta que las chirivías estén blandas.*

3 *Incorporar el caldo restante, el agua y pimienta negra a gusto, llevar a hervor suave y cocinar a fuego lento 30 minutos más. Retirar y dejar enfriar un poco.*

4 *Colocar la sopa por tandas dentro de un procesador o licuadora y procesar hasta homogeneizar. Disponer de nuevo en la olla, llevar a hervor suave y cocinar a fuego lento 5 minutos o hasta calentar. Esparcir por encima el cebollín y servir.*

6 porciones

141 calorías por porción
Bajo *en grasas* **Medio** *en fibras*

ingredientes

**1 cucharada de aceite de oliva
30 g/1 oz de mantequilla
2 puerros, rebanados
750 g/1 ¹/₂ lb de chirivías, peladas
y rebanadas
1 cucharadita de cáscara de naranja
finamente rallada
4 tazas/1 litro/1 ³/₄ pt de caldo de pollo
2 tazas/500 ml/16 fl oz de agua
pimienta negra recién molida
2 cucharadas de cebollín fresco
tijereteado**

ensalada
de papas con pesto
Foto en página 43

Preparación

1 Cocinar las papas por hervido, al vapor o en microondas hasta que estén tiernas. Escurrir y dejar enfriar.
2 Para hacer el aliño, colocar el yogur, la albahaca, el queso parmesano, el ajo y pimienta negra a gusto en un procesador o licuadora y procesar para combinar.
3 Disponer las papas y las cebollas de rabo en un bol. Agregar el aliño y mezclar. Tapar y refrigerar hasta el momento de servir.

4 porciones

135 calorías por porción
Bajo *en grasas* **Medio** *en fibras*

ingredientes

10 papas pequeñas, picadas
2 cebollas de rabo, picadas

Aliño de pesto
1/3 taza/60 g/2 oz de yogur natural bajo en grasas
4 cucharadas de albahaca fresca picada
2 cucharadas de queso parmesano rallado
1 diente de ajo, machacado
pimienta negra recién molida

ensalada
libanesa
Foto en página 43

Preparación

1 Colocar el burgol en un tazón, cubrir con agua hirviente y dejar reposar 10-15 minutos o hasta que esté blando. Escurrir.
2 En un bol combinar el burgol, los garbanzos, los tomates, el perejil, la menta, el jugo de limón y pimienta negra a gusto.
3 Para hacer el aliño, poner el hummus, el yogur, el chile en polvo y el comino en un bol y mezclar. Verter sobre la ensalada y remover. Servir con pan árabe.
Nota: Si no se consiguen garbanzos en lata, usar en su lugar garbanzos cocidos fríos. Remojar los garbanzos desde la noche anterior en agua fría; escurrir. Colocar en una olla, cubrir con agua fría y llevar a hervor a fuego medio. Hervir 10 minutos, luego bajar la llama y cocinar a fuego lento 45-60 minutos o hasta que estén tiernos. Escurrir y enfriar. Resulta práctico cocinar más garbanzos de los que se necesitan y congelarlos.

2 porciones

285 calorías por porción
Medio a alto *en grasas* **Rico** *en fibras*

ingredientes

1/3 taza/60 g/2 oz de trigo burgol
125 g/4 oz de garbanzos en lata, enjuagados y escurridos
2 tomates, picados
1/2 atado de perejil fresco picado
3 cucharadas de menta fresca picada
1 1/2 cucharada de jugo de limón
pimienta negra recién molida
pan árabe integral

Aliño cremoso de garbanzos
3 cucharadas de hummus (puré de garbanzos) envasado
3 cucharadas de yogur natural bajo en grasas
1/2 cucharadita de chile en polvo
1/2 cucharadita de comino molido

mejillones
al vapor con chile y jengibre

Preparación

1 Para hacer la salsa, colocar el jengibre, el ajo, la hierba limón, los chiles, las cebollas de rabo, el cilantro, el vino, el vinagre, la salsa de pescado y el aceite de ajonjolí en un bol y mezclar. Reservar.

2 Poner los mejillones en una vaporera grande, colocarla sobre una olla con agua hirviente, tapar y cocinar al vapor 5 minutos o hasta que se abran. Desechar los que permanezcan cerrados. Salsear los mejillones y calentar 1 minuto más. Servir de inmediato.

Nota: Si no dispone de una vaporera grande, cocine los mejillones al vapor por tandas. Para una comida completa, sirva con arroz integral o blanco hervido y verduras a elección cocidas al vapor.

4 porciones

104 calorías por porción
Bajo *en grasas* ***Bajo*** *en fibras*

ingredientes

**1 kg/2 lb de mejillones, raspados
y sin barbas**

Salsa de chile y jengibre
**1 trozo de jengibre fresco de 5 cm/2 in,
bien picado**
3 dientes de ajo, machacados
**1 tallo de hierba limón finamente
picada o 1 cucharadita de hierba limón
seca, remojada en agua caliente hasta
que esté blanda**
**3 chiles rojos pequeños, frescos,
rebanados finos**
3 cebollas de rabo, rebanadas al sesgo
4 cucharadas de hojas de cilantro
1/4 taza/60 ml/2 fl oz de vino blanco
2 cucharadas de vinagre de arroz
1 cucharada de salsa de pescado
2 cucharaditas de aceite de ajonjolí

pollo relleno
con espinaca

Preparación

1 Colocar la espinaca en una vaporera sobre una olla con agua hirviente y cocinar 3 minutos o hasta que se ablande. Retirar y enfriar un poco. Exprimirla, picarla gruesa y colocarla en un bol. Agregar la mantequilla, el ajo y la salvia y mezclar.

2 Hacer una incisión profunda en el costado de cada pechuga de pollo, para formar una bolsa. Rellenar con la mezcla de espinaca y asegurar con palillos.

3 Envolver cada pechuga en papel de aluminio, sin apretar, y colocar en una vaporera sobre una cacerola con agua hirviente. Tapar y cocinar al vapor 30 minutos o hasta que el pollo esté tierno. Retirar y mantener al calor.

4 Para hacer la salsa, colocar el caldo, el vino y la mostaza en una olla y llevar a hervor. Bajar la llama y cocinar a fuego lento hasta que la mezcla se reduzca a la mitad. Pasar a un bol y enfriar 5 minutos. Incorporar el yogur y el cebollín y servir con el pollo.

4 porciones

226 calorías por porción
Bajo en grasas **Medio** en fibras

ingredientes

1 atado de espinaca
15 g/¹/₂ oz de mantequilla, ablandada
2 dientes de ajo
2 cucharadas de salvia fresca picada, o 1 cucharadita de salvia seca
4 pechugas de pollo deshuesadas, sin piel y desgrasadas

Salsa cremosa
¹/₂ taza/125 ml/4 fl oz de caldo de pollo
¹/₂ taza/125 ml/4 fl oz de vino blanco seco
1 cucharada de mostaza en grano
¹/₄ taza/45 g/1 ¹/₂ oz de yogur natural bajo en grasas
1 cucharada de cebollín fresco tijereteado

arrollados de lechuga

cocina
verde

Las verduras frescas son uno de los pilares

---

de una dieta sana, porque brindan vitaminas, minerales y fibras esenciales y prácticamente no contienen grasas. Cuando tiente a su paladar con nuestra liviana y refrescante selección de ensaladas y platillos con verduras, podrá servirse una segunda porción sin culpas.

arrollados
de lechuga
Foto en página 47

Método

1 Con la mano, cortar las hojas de lechuga en dos, a lo largo; reservar. Combinar los brotes de soja, los mangos, las castañas de agua, el jengibre y la menta.

2 Unir la mayonesa con el yogur. Incorporar con movimientos envolventes a la mezcla de mango.

3 Colocar una cucharada de mezcla en cada hoja de lechuga. Enrollar ajustando bien y asegurar con palillos.

6 porciones

141 calorías por porción
Bajo en grasas   **Rico** en fibras

ingredientes

6 hojas grandes de lechuga
1 taza/60 g de brotes de soja
2 mangos, pelados y picados
**260 g/9 oz de castañas de agua en lata,
escurridas y rebanadas**
**2 cucharaditas de jengibre en conserva,
bien picado**
**2 cucharaditas de hojas de menta,
bien picadas**
**3 cucharadas de mayonesa baja
en grasas**
**1 cucharada de yogur natural bajo
en grasas**

ensalada
francesa de judías

ingredientes

Preparación

1 Cocer las judías por hervido, al vapor o en microondas hasta que estén apenas tiernas. Escurrir y colocar en una ensaladera.

2 Combinar el ajo, el fenogreco y la menta. Mezclar con las judías calientes. Dejar enfriar un poco.

3 Licuar juntos el vinagre y el aceite de oliva, echar sobre las judías y refrigerar 1-2 horas. Esparcir encima las semillas de ajonjolí y servir.

4 porciones

66 calorías por porción
Medio en grasas   **Rico** en fibras

**500 g/1 lb de judías verdes,
despuntadas y rebanadas**
1 diente de ajo, machacado
1 cucharadita de fenogreco
**2 cucharadas de hojas de menta fresca,
bien picadas**
1 cucharadita de vinagre de vino tinto
1 cucharada de aceite de oliva
**2 cucharaditas de semillas de ajonjolí,
tostadas**

verduras
salteadas

Preparación

1 Colocar las semillas de ajonjolí y el ajo en una sartén antiadherente y saltear a fuego medio 2 minutos o hasta que estén dorados.

2 Agregar los comelotodos, las verduras chinas, los brotes de soja, las salsas de soja, de ostra y de chile y saltear 3 minutos o hasta que las verduras estén tiernas. Servir de inmediato.

Nota: La col común es una alternativa para las verduras chinas en esta receta.

4 porciones

89 calorías por porción
Bajo en grasas   **Rico** en fibras

ingredientes

2 cucharadas de semillas de ajonjolí
1 diente de ajo, machacado
185 g/6 oz de comelotodos
185 g/6 oz de verduras chinas como
acelga, brócoli o col, picadas
155 g/5 oz de brotes de soja
2 cucharadas de salsa de soja dulce
1 cucharada de salsa de ostra
1 cucharada de salsa de chile dulce

ensalada
tibia de calamar

Preparación

1 *Colocar el calamar, la salsa de chile, el vinagre y el cilantro en un bol y combinar. Tapar y marinar a temperatura ambiente 30 minutos o en el refrigerador durante la noche.*

2 *Escurrir el calamar y cocinar en la plancha de la barbacoa precalentada 2 minutos o hasta que esté tierno.*

3 *En una fuente acomodar de un modo atractivo las hojas de lechuga, los brotes de comelotodo o berro y los tomates, disponer encima el calamar y servir de inmediato.*

Nota: *Para limpiar calamares, tirar de los tentáculos y extraer con ellos el estómago y la bolsa de tinta. Separar y desechar el pico, el estómago y la bolsa de tinta. Lavar los tentáculos. Lavar el tubo, quitar la piel y cortar en anillos.*

4 porciones

65 calorías por porción
Bajo *en grasas* **Medio** *en fibras*

ingredientes

2 tubos de calamar, cortados en anillos
3 cucharadas de salsa de chile dulce
2 cucharadas de vinagre de vino tinto
2 cucharadas de cilantro fresco picado
250 g/8 oz de hojas de lechugas surtidas
125 g/4 oz de brotes de comelotodo o berro
250 g/8 oz de tomates cherry, en mitades

espaguetis
con salsa de espárragos

Preparación

1. *Cocinar los espaguetis en agua hirviente en una olla grande, según las instrucciones del paquete.*
2. *Para hacer la salsa, cocinar los espárragos al vapor, por hervido o en microondas hasta que estén tiernos. Escurrir y refrescar bajo el agua fría. Cortar en trozos de 3 cm/1 $^1/_4$ in y reservar.*
3. *Calentar el aceite en una sartén, agregar el pan y cocinar a fuego lento 2 minutos, revolviendo todo el tiempo. Incorporar la leche y los espárragos y cocinar a fuego medio 5 minutos. Agregar la mozzarella y seguir cocinando hasta que se derrita. Condimentar a gusto con pimienta.*
4. *Colocar los espaguetis en una fuente precalentada, salsear y mezclar suavemente. Esparcir el queso parmesano y servir de inmediato.*

6 porciones

237 calorías por porción
Medio *en grasas*   **Medio** *en fibras*

ingredientes

500 g/1 lb de espaguetis
2 cucharadas de queso parmesano rallado

Salsa de espárragos
500 g/1 lb de puntas de espárragos frescos
1 cucharada de aceite de oliva
1 rebanada gruesa de pan integral, desmenuzada
1 taza/250 ml/8 fl oz de leche descremada evaporada
60 g/2 oz de mozzarella, rallada
pimienta negra recién molida

cocina
verde

brócoli
salteado con almendras

Preparación

1 Cocinar las zanahorias y el brócoli por hervido, al vapor o en microondas hasta que cambien de color. Escurrir y refrescar bajo el agua fría.

2 Calentar el aceite en un wok o sartén. Agregar la cebolla, el ajo y el jengibre y saltear 4-5 minutos. Añadir las zanahorias, el brócoli y la salsa de soja; saltear 3-4 minutos más, o hasta que las verduras estén calientes. Justo antes de servir, incorporar las almendras.

4 porciones

92 calorías por porción
Bajo en grasas   **Rico** en fibras

ingredientes

2 zanahorias, cortadas como fósforos
500 g/1 lb de brócoli, separado en ramilletes
2 cucharaditas de aceite de maní
1 cebolla, rebanada
1 diente de ajo, machacado
2 cucharaditas de jengibre fresco rallado
2 cucharaditas de salsa de soja baja en sal
2 cucharadas de almendras tostadas

ensalada
moderna

Preparación

1 Mezclar los ingredientes de la vinagreta y guardar en un frasco con tapa hermética.

2 Distribuir en 4 platos la pavita, la rúcula, la radichetta, la cebolla y el mango. Agitar el frasco con la vinagreta y verter sobre la ensalada. Esparcir arriba las nueces y servir.

4 porciones

½ pechuga de pavita asada, rebanada
250 g/8 oz de hojas de rúcula
125 g/4 oz de hojas de radichetta
½ cebolla colorada, en aros finos
1 mango pelado, deshuesado
y cortado en tiras
½ taza de nueces

Vinagreta de mostaza
2 cucharadas de mostaza de Dijon
⅓ taza de vinagre de champaña
o vinagre de arroz
1 taza de aceite de oliva
½ cucharadita de sal
½ cucharadita de pimienta

cocina
verde

ensalada
de verduras y hierbas

Preparación

1 Cocinar por hervido, al vapor o en microondas la coliflor, el brócoli, la zanahoria y los comelotodos hasta que estén apenas tiernos. Escurrir, refrescar bajo el agua fría y volver a escurrir.

2 En una ensaladera mezclar las verduras cocidas con el pimiento, el jugo de limón, el cilantro y el romero. Condimentar a gusto con pimienta. Refrigerar hasta el momento de presentar.

3 Para hacer la vinagreta, combinar todos los ingredientes en un frasco con tapa a rosca. Sacudir bien y echar sobre la ensalada justo antes de servir.

4 porciones

82 calorías por porción
Bajo *en grasas*   **Medio** *en fibras*

ingredientes

¹/₄ **de coliflor, separada en ramilletes**
1 brócoli, separado en ramilletes
1 zanahoria grande, en tiras finas
150 g/5 oz de comelotodos, despuntados
1 pimiento rojo, en tiras finas
3 cucharadas de jugo de limón
2 cucharaditas de cilantro fresco finamente picado
2 cucharaditas de romero fresco finamente picado
pimienta negra recién molida

Vinagreta de limón
2 cucharadas de jugo de limón
1 cucharada de aceite de oliva
1 diente de ajo, machacado
1 cucharadita de mostaza en grano

timbales
de espinaca y salmón

Preparación

1. *Cocinar la espinaca por hervido, al vapor o en microondas hasta que esté apenas tierna. Escurrir y dejar enfriar.*
2. *Elegir las hojas más grandes y cubrir con ellas 4 moldes individuales ligeramente engrasados, de aproximadamente 1 taza/ 250 ml/8 fl oz de capacidad. Dejar que algunas hojas sobresalgan del borde.*
3. *Para hacer el relleno, exprimir y picar el resto de la espinaca; reservar. En un procesador o licuadora, combinar el salmón, el requesón, el cebollín, el perejil y el huevo. Procesar hasta homogeneizar. Incorporar la espinaca picada y sazonar con pimienta.*
4. *Repartir la mezcla en los moldes preparados. Doblar las hojas de espinaca del borde para cerrar. Hornear 30 minutos o hasta que los timbales estén cocidos.*

4 porciones

156 calorías por porción
Bajo *en grasas*   **Rico** *en fibras*

ingredientes

1 atado de espinaca (aproximadamente 1 kg/2 lb), lavada

Relleno
220 g/7 oz de salmón en lata, escurrido
100 g/3 ½ oz de requesón
2 cucharadas de cebollín finamente picado
2 cucharadas de perejil fresco finamente picado
1 huevo, ligeramente batido
pimienta negra recién molida

Temperatura del horno 180°C/350°F/Gas 4

55

pollo Cajun con salsa de papaya

cenas ganadoras

Esta sabrosa selección de menúes para

la cena cotidiana de la familia se ajustará a su plan
nutricional y dejará a todos satisfechos y saludables.

57

pollo cajun
con salsa de papaya

Foto en página 57

Preparación

1 Frotar el pollo con el ajo. En un tazón unir la sal de cebolla, las pimientas blanca, negra y de Cayena, la páprika y las hierbas; frotar el pollo con la mezcla.

2 Colocar el pollo en una bandeja para horno antiadherente y hornear 25-30 minutos o hasta que esté tierno. Tapar y dejar reposar 5 minutos antes de servir.

3 Para hacer la salsa, poner la papaya, el pepino, la menta, el yogur y el jugo de lima en un bol y combinar. Servir con el pollo.

Nota: Después de frotar el pollo con la mezcla de especias, lávese las manos y no se toque la cara ni los labios, pues la pimienta de Cayena produce irritación.

4 porciones

223 calorías por porción
Bajo en grasas   **Medio** en fibras

ingredientes

4 pechugas de pollo deshuesadas, sin piel y desgrasadas
2 dientes de ajo, machacados
1 cucharada de sal de cebolla
1 cucharada de pimienta blanca molida
1 cucharada de granos de pimienta negra, partidos
2 cucharaditas de pimienta de Cayena
1 cucharada de páprika
1 cucharada de hierbas secas surtidas

Salsa de papaya
1 papaya pequeña, en cubos
1 pepino, en cubos
2 cucharadas de hojas de menta
2 cucharadas de yogur natural bajo en grasas
2 cucharadas de jugo de lima

pasta
con queso de cabra

Preparación

1 Cocinar la pasta en agua hirviente en una olla, según las instrucciones del paquete. Escurrir y mantener al calor.

2 Calentar aceite en una sartén antiadherente a fuego medio, agregar el ajo y cocinar, revolviendo, 2 minutos o hasta dorar. Agregar el pan seco y revolver 5 minutos o hasta que esté crocante y dorado. Retirar de la sartén y reservar.

3 Incorporar a la sartén los tomates y la rúcula y cocinar, revolviendo cada tanto, 5 minutos o hasta que se ablanden.

4 Mezclar la pasta con las preparaciones de pan y de tomates y con el queso.

4 porciones

223 calorías por porción
Bajo en grasas   **Medio** en fibras

ingredientes

500 g/1 lb de tallarines
2 cucharaditas de aceite de oliva
2 dientes de ajo, machacados
1 taza/60 g/2 oz de pan integral seco molido
250 g/8 oz de tomates cherry, en mitades
1 atado de rúcula
90 g/3 oz de queso de cabra

salteado
de mariscos y especias

Preparación

1 Hacer un corte a lo largo en cada tubo de calamar y abrir. Con un cuchillo afilado, marcar líneas paralelas a lo largo del calamar, con cuidado de no atravesar la carne. Hacer otras incisiones en dirección opuesta, para formar un diseño romboidal. Dividir cada pieza en cuadrados de 2 ¹/₂ cm/ 1 in. Reservar.

2 Calentar el aceite en un wok o sartén a fuego fuerte, agregar la cebolla, el jengibre, el ajo y el chile en pasta y saltear 2 minutos o hasta que la cebolla esté dorada. Añadir los pimientos, el jugo de lima, la miel y saltear 2 minutos más.

3 Incorporar el calamar, los langostinos y los ostiones y saltear 5 minutos o hasta que los camarones cambien apenas de color. Agregar las judías, los comelotodos y la leche de coco y cocinar 2 minutos o hasta que los mariscos estén cocidos.

4 porciones

291 calorías por porción
Bajo en grasas   **Medio** en fibras

ingredientes

2 tubos de calamar
1 cucharada de aceite de ajonjolí
1 cebolla, cortada en cascos y separada en capas
2 cucharaditas de jengibre fresco finamente picado
1 diente de ajo, machacado
2 cucharaditas de chile en pasta (sambal oelek)
1 pimiento rojo, picado
1 pimiento amarillo, picado
2 cucharadas de jugo de lima
1 cucharada de miel
315 g/10 oz de langostinos medianos crudos, pelados y desvenados
90 g/3 oz de ostiones, limpios
125 g/4 oz de judías verdes, en trozos de 2 ¹/₂ cm/1 in
125 g/4 oz de comelotodos
¹/₄ taza/60 ml/2 fl oz de leche de coco

risotto
de calabaza y alcachofa

Preparación

1 *Colocar el caldo y el vino en una olla y llevar a hervor a fuego medio. Bajar la llama y mantener al calor.*

2 *Calentar el aceite en una cacerola a fuego medio, agregar la cebolla, el comino y la nuez moscada y cocinar, revolviendo, 3 minutos o hasta que la cebolla esté blanda. Agregar la calabaza y revolver 3 minutos.*

3 *Incorporar el arroz y seguir revolviendo 5 minutos. Verter 1 taza/250 ml/8 fl oz de la mezcla caliente de caldo y cocinar a fuego medio, revolviendo constantemente, hasta que el caldo se absorba. Seguir cocinando de este modo hasta usar todo el caldo y lograr que el arroz esté tierno.*

4 *Agregar las alcachofas, los tomates secos, la salvia y pimienta negra a gusto. Mezclar suavemente y cocinar 2 minutos o hasta que todo se caliente. Retirar del fuego, unir con el queso parmesano y servir.*

Nota: *El arroz arborio es uno de los favoritos para el risotto, porque absorbe el líquido sin ablandarse. Un risotto hecho a la manera tradicional —incorporando gradualmente el líquido mientras se cocina el arroz— lleva 20-30 minutos de cocción.*

4 porciones

487 calorías por porción
Bajo *en grasas* ***Rico*** *en fibras*

ingredientes

3 tazas/750 ml/1 ¹/₄ pt de caldo de verduras
1 taza/250 ml/8 fl oz de vino blanco
1 cucharada de aceite de oliva
1 cebolla, picada
2 cucharaditas de comino molido
¹/₂ cucharadita de nuez moscada rallada
185 g/6 oz de calabaza, picada
1 ¹/₂ taza/330 g/10 ¹/₂ oz de arroz arborio o para risotto
440 g/14 oz de corazones de alcachofa en lata, escurridos y picados
90 g/3 oz de tomates secos, picados
2 cucharadas de salvia fresca picada
pimienta negra recién molida
30 g/1 oz de queso parmesano, rallado

pescado
y cascos de papa

Preparación

1 *Secar el pescado con papel absorbente y reservar.*

2 *Poner el ajo, el eneldo, el vino y el jugo de limón en una fuente baja de cerámica o vidrio y mezclar. Agregar el pescado, tapar y marinar en el refrigerador 2 horas.*

3 *Colocar las papas en una fuente para horno antiadherente, pincelar ligeramente con aceite y hornear, dando vuelta varias veces, 30-45 minutos o hasta que estén crocantes y doradas.*

4 *Escurrir bien el pescado y cocinar en el grill precalentado a temperatura media 5 minutos o hasta que la carne se separe, al probar con un tenedor. Servir de inmediato con los cascos de papa.*

4 porciones

346 calorías por porción
Bajo *en grasas* ***Rico*** *en fibras*

ingredientes

4 filetes de pescado blanco firme
1 diente de ajo, machacado
1 cucharada de eneldo fresco picado
¹/₄ taza/60 ml/2 fl oz de vino blanco
2 cucharadas de jugo de limón
4 papas grandes, cortadas en cascos
1 cucharada de aceite de oliva

Temperatura del horno 220°C/425°F/Gas 7

61

cerdo
con cuscús de mango

Foto en página 63

ingredientes

1 ¹/₂ kg/3 lb de carne de cerdo para asar, deshuesada, desgrasada y sin cuero

Relleno de cuscús de mango
¹/₂ taza/90 g/3 oz de cuscús
¹/₂ taza/125 ml/4 fl oz de agua hirviente
¹/₂ mango, picado
2 cebollas de rabo, picadas
3 cucharadas de cilantro fresco picado
2 cucharaditas de cáscara de lima finamente rallada
¹/₂ cucharadita de garam masala
1 clara, ligeramente batida
1 cucharada de jugo de lima

Salsa cremosa de vino
¹/₂ taza/125 ml/4 fl oz de caldo de pollo
¹/₂ taza/125 ml/4 fl oz de vino blanco
2 cucharadas de yogur natural bajo en grasas

Preparación

1 Para hacer el relleno, colocar el cuscús en un bol, echar el agua hirviente y airear con un tenedor hasta que la absorba. Agregar el mango, las cebollas de rabo, el cilantro, la cáscara de lima, el garam masala, la clara y el jugo de lima y mezclar.

2 Extender la pieza de cerdo y cubrirla en forma pareja con el relleno. Enrollar firmemente y atar. Colocar el cerdo en una rejilla de alambre sobre una asadera, poner en ésta 2 ¹/₂ cm/1 in de agua y hornear 1 ¹/₂ hora o hasta que el cerdo esté cocido a gusto. Pasarlo a una fuente y mantener al calor.

3 Para hacer la salsa, retirar el exceso de grasa del jugo de cocción, incorporar el caldo y el vino y llevar a hervor a fuego medio. Bajar la llama y cocinar 10 minutos o hasta que la salsa se haya reducido a la mitad. Retirar y añadir el yogur batiendo ligeramente. Rebanar el cerdo y servir con la salsa.

Nota: Al término de la cocción, retirar la carne del horno, tapar y dejar reposar en un lugar templado 10-15 minutos antes de cortar. El reposo permite que los jugos se asienten y facilita el corte.

8 porciones

351 calorías por porción
Medio en grasas   **Bajo** en fibras

cenas
ganadoras

bistecs
en vino tinto

Preparación

1 *Para hacer la marinada, colocar el vino, la salsa Worcestershire, la mostaza y pimienta negra a gusto en una fuente baja y mezclar.*
2 *Agregar los bistecs y marinar por lo menos 30 minutos. Asar los bistecs en la barbacoa caliente o en el grill 3-5 minutos de cada lado o hasta que estén cocidos a gusto.*

4 porciones

264 calorías por porción
Medio *en grasas*   **Bajo** *en fibras*

ingredientes

4 bistecs magros de res

Marinada de vino tinto
$^1/_4$ taza/60 ml/2 fl oz de vino tinto
2 cucharadas de salsa Worcestershire
2 cucharaditas de mostaza francesa
pimienta negra recién molida

kebabs
de cordero marinado
con especias

Preparación

1 *Para hacer la marinada, combinar la miel, la salsa de soja, el ajo, la canela y el aceite de ajonjolí en un bol de vidrio. Agregar el cordero y marinar 30 minutos.*

2 *Retirar el cordero de la marinada e insertarlo en 8 pinchos de bambú, alternando con el pimiento, los hongos y las calabacitas. Cocinar en el grill a fuego medio 8-10 minutos, dando vuelta con frecuencia y humedeciendo con la marinada.*

4 porciones

339 calorías por porción
Medio en grasas   **Medio** en fibras

ingredientes

500 g/1 lb de cordero magro, en cubos
1 pimiento verde, en cubos
16 champiñones
2 calabacitas, en rodajas de 2 cm/³/₄ in

Marinada
2 cucharadas de miel
1 cucharada de salsa de soja baja en sal
1 diente de ajo, machacado
¹/₂ cucharadita de canela molida
2 cucharaditas de aceite de ajonjolí

cenas ganadoras

pizza
de jamón y piña

Preparación

1 *Para hacer la masa, colocar el azúcar, la levadura y $^1/_4$ taza/60 ml/2 fl oz de agua en un bol y batir ligeramente con un tenedor hasta que la levadura se disuelva. Dejar reposar en un lugar cálido, sin corrientes de aire, 5 minutos o hasta que esté espumosa.*

2 *Cernir las harinas en un bol; agregar las cascarillas que queden en el tamiz. Incorporar el aceite, la levadura espumada y el resto del agua y unir hasta formar una masa blanda. Volcar sobre una superficie ligeramente enharinada y amasar 10 minutos o hasta que la masa esté lisa y brillante.*

3 *Colocar la masa en un bol ligeramente aceitado, tapar con film y dejar reposar en un lugar cálido, sin corrientes de aire, 1 hora o hasta que duplique su volumen. Hundir con el puño y dividir en dos porciones iguales.*

4 *Sobre una superficie ligeramente aceitada extender la masa para formar 2 discos de 30 cm/12 in. Ponerlos en bandejas para horno ligeramente engrasadas y untar con el extracto de tomate. Luego cubrir con la salsa de tomate y terminar con los trozos de piña, el jamón y el pimiento. Esparcir las cebollas de rabo, el queso y el perejil y hornear 20 minutos o hasta que las bases estén crocantes y cocidas.*

8 porciones

335 calorías por porción
Bajo *en grasas*   **Rico** *en fibras*

ingredientes

Masa para pizza integral
3 cucharaditas de azúcar
7 g/$^1/_4$ oz de levadura seca
1 taza/250 ml/8 fl oz de agua tibia
2 tazas/315 g/10 oz de harina integral
1 $^1/_4$ taza/155 g/5 oz de harina común
$^1/_4$ taza/60 ml/2 fl oz de aceite

Cubierta de jamón y piña
2 cucharadas de extracto de tomate
1 taza/250 ml/8 fl oz de salsa
de tomate para pasta, envasada
440 g/14 oz de trozos de piña
al natural en lata, escurridos
125 g/4 oz de jamón magro, picado
1 pimiento rojo, rebanado
4 cebollas de rabo, picadas
60 g/2 oz de mozzarella reducida
en grasas, rallada
2 cucharadas de perejil fresco picado

Temperatura del horno 220°C/425°F/Gas 7

cordero
con puré de pimientos

Preparación

1 Colocar el ajo, el vino, el vinagre, la mostaza y la miel en una fuente baja de vidrio o cerámica y mezclar. Agregar el cordero, tapar y marinar en el refrigerador 3-4 horas o durante toda la noche.

2 Para hacer el puré, colocar los pimientos con la piel hacia arriba en el grill caliente y cocinar 10-15 minutos o hasta que la piel se ampolle y se chamusque. Ponerlos en una bolsa de plástico o de papel, dejar enfriar hasta que se puedan tocar y luego retirar la piel. Colocar los pimientos y el yogur en un procesador o licuadora y procesar hasta obtener un puré. Incorporar la menta y reservar.

3 Escurrir el cordero y cocinar a fuego medio en el grill precalentado o en la barbacoa 3-5 minutos de cada lado o hasta que esté a punto. Servir con el puré.

4 porciones

294 calorías por porción
Medio *en grasas* **Bajo** *en fibras*

ingredientes

I diente de ajo, machacado
¹/₄ taza/60 ml/2 fl oz de vino blanco
2 cucharadas de vinagre de estragón
2 cucharadas de mostaza en grano
I cucharada de miel
8 costillas de cordero, desgrasadas

Puré de pimientos
I pimiento rojo y I amarillo,
sin semillas y cortados en cuartos
¹/₂ taza/100 g/3 ¹/₂ oz de yogur bajo
en grasas
2 cucharadas de menta fresca picada

pollo
a la naranja

Foto en página 69

Preparación

1 Para hacer la marinada, mezclar el jugo y la cáscara de naranja, la mostaza, la nuez moscada y el curry en una fuente baja de vidrio. Sazonar a gusto con pimienta. Agregar el pollo y marinar 1-2 horas.

2 Pasar el pollo y un poco de la marinada a un trasto para horno. Hornear 30 minutos o hasta que el pollo esté tierno. Colocar el resto de la marinada y el almidón en una ollita. Cocinar a fuego medio hasta que hierva y espese. Salsear el pollo y servir.

4 porciones

215 calorías por porción
Bajo en grasas   **Bajo** en fibras

ingredientes

4 pechugas de pollo deshuesadas, sin piel
2 cucharaditas de almidón de maíz disuelto en 3 cucharadas de caldo de pollo

Marinada
³/₄ taza/180 ml/6 fl oz de jugo de naranja
1 cucharada de cáscara de naranja rallada
¹/₂ cucharadita de mostaza francesa
¹/₂ cucharadita de nuez moscada molida
¹/₂ cucharadita de curry en polvo
pimienta negra recién molida

Temperatura del horno 180°C/350°F/Gas 4

cerdo
con ciruelas y albaricoques

Foto en página 69

Preparación

1 Calentar el aceite en una sartén. Cocinar el cerdo con la cebolla, la salvia y el tomillo hasta que la carne cambie de color y esté apenas tierna.

2 Procesar o licuar el jugo de manzana, 6 ciruelas y el vinagre y verter en la sartén. Incorporar los albaricoques y el resto de las ciruelas. Tapar y cocinar 15 minutos, revolviendo cada tanto. Servir con las almendras por encima.

4 porciones

269 calorías por porción
Bajo en grasas   **Rico** en fibras

ingredientes

2 cucharadas de aceite poliinsaturado
500 g/1 lb de cerdo magro, en cubos
1 cebolla, en octavos
¹/₂ cucharadita de salvia seca
¹/₂ cucharadita de tomillo seco
1 taza/250 ml/8 fl oz de jugo de manzana
10 ciruelas pasa grandes, sin hueso
1 cucharadita de vinagre de sidra
8 albaricoques secos
2 cucharadas de almendras, tostadas

final feliz

budín de arroz tropical

final feliz

Nuestra liviana, exquisita y refrescante

---

selección de postres satisfará todos sus antojos de algo dulce y lo mantendrá delgado y saludable.

copas de frutas
del bosque y durazno

Preparación

1 Colocar el requesón, el yogur, el jarabe de arce y el licor en un bol y batir hasta homogeneizar.

2 En una copa alternar, por capas, mezcla de requesón, frutas del bosque, mezcla de requesón, duraznos y una capa final de mezcla de requesón. Decorar con fresas y coco. Repetir con el resto de las frutas y la mezcla hasta armar 6 postres.

6 porciones

216 calorías por porción
Bajo *en grasas*   **Rico** *en fibras*

200 g/6 ¹/₂ oz de requesón
1 taza/200 g/6 ¹/₂ oz de yogur natural bajo en grasas
¹/₄ taza/60 ml/2 fl oz de jarabe de arce
1 cucharada de licor de naranja
500 g/1 lb de frutas del bosque surtidas, como arándanos y frambuesas o fresas y blackberries
440 g/14 oz de tajadas de durazno al natural en lata, escurridas
6 fresas, en mitades
¹/₂ taza/45 g/1 ¹/₂ oz de coco rallado, tostado

---

budín
de arroz tropical

Foto en página 71

Preparación

1 Poner el arroz, la leche reducida en grasas, la leche de coco, la cáscara de naranja, la canela y la vainilla en una olla y llevar a hervor. Bajar la llama, tapar y cocinar a fuego lento 15 minutos o hasta que el arroz esté tierno y el líquido se haya absorbido. Retirar del calor, descartar la canela y la vainilla y enfriar un poco.

2 Incorporar el azúcar morena, las yemas y el ron; unir bien.

3 En un bol batir las claras a punto de turrón. Incorporarlas en forma envolvente a la mezcla de arroz. Pasar a una budinera; colocarla en un trasto para horno, agregar agua caliente hasta la mitad de su altura y hornear 40 minutos o hasta que esté firme.

4 Retirar y dejar enfriar. Desmoldar sobre una fuente, llenar el centro con las frutas tropicales y bañar con la pulpa de fruta de la pasión.

8 porciones

313 calorías por porción
Bajo *en grasas*   **Medio** *en fibras*

1 taza/220 g/7 oz de arroz basmati
2 ¹/₂ tazas/600 ml/1 pt de leche reducida en grasas
¹/₂ taza/125 ml/4 fl oz de leche de coco
1 cucharada de cáscara de naranja finamente rallada
1 rama de canela
1 vaina de vainilla, abierta
1 taza/170 g/5 ¹/₂ oz de azúcar morena
3 yemas
2 cucharadas de ron
3 claras
500 g/1 lb de frutas tropicales como guayaba, tamarillo, kiwi, carambola, mango, papaya y piña, rebanadas
pulpa de 6 frutas de la pasión

Temperatura del horno 190°C/375°F/Gas 5

mousse
de frambuesa y yogur

Preparación

1 Colocar las frambuesas en un procesador o licuadora y procesar hasta formar un puré. Pasar por tamiz para retirar las semillas. Incorporar el azúcar glass.

2 Poner en un procesador o licuadora el requesón, el yogur, el azúcar refinada, la esencia de vainilla y el jugo de lima o limón; procesar hasta homogeneizar.

3 Dividir la mezcla en dos porciones iguales. Incorporar el puré de frambuesa a una porción. Alternar cucharadas de mezcla simple y mezcla con frambuesas en las copas para servir y revolver para lograr un diseño marmolado. Refrigerar al menos 1 hora.

Nota: Para obtener yogur espeso, tapizar un colador con muselina doble o papel absorbente y colocarlo sobre un bol. Poner el yogur en el colador y dejar escurrir 2-3 horas a temperatura ambiente, o durante la noche en el refrigerador.

6 porciones

155 calorías por porción
Medio en grasas **Medio** en fibras

ingredientes

315 g/10 oz de frambuesas congeladas o frescas
2 cucharaditas de azúcar glass
350 g/11 oz de requesón
1 taza/200 g/6 ¹/₂ oz de yogur natural bajo en grasas, espeso
2 cucharadas de azúcar refinada
2 cucharaditas de esencia de vainilla
2 cucharaditas de jugo de lima o limón

soufflé
de fruta de la pasión

Preparación

1 Colocar el requesón, la pulpa de fruta de la pasión, las yemas, el licor y la mitad del azúcar en un bol y batir 5 minutos o hasta obtener una mezcla homogénea.

2 En un bol limpio batir las claras con el cremor tártaro a punto nieve. Incorporar el resto del azúcar mientras se sigue batiendo hasta llegar a punto de turrón.

3 Con movimiento envolvente añadir a la mezcla de fruta de la pasión $^1/_3$ de las claras y luego el resto.

4 Verter la preparación en un molde para soufflé de 20 cm/8 in, engrasado, y hornear 20 minutos o hasta que el soufflé esté bien elevado. Nevar con el azúcar glass y servir.

4-6 porciones

167 calorías por porción
Bajo en grasas   **Rico** en fibras

ingredientes

60 g/2 oz de requesón
1 $^1/_2$ taza/375 ml/12 fl oz de pulpa
de fruta de la pasión
2 yemas
1 cucharada de licor de naranja
$^1/_3$ taza/75 g/2 $^1/_2$ oz de azúcar
6 claras
una pizca de cremor tártaro
azúcar glass, cernida

Temperatura del horno 180°C/350°F/Gas 4

cuadrados
de requesón, manzana y dátiles

Preparación

1 Colocar en un procesador la harina y la mantequilla y procesar hasta obtener un granulado. Agregar el azúcar y procesar para combinar. Con la máquina en funcionamiento, incorporar despacio agua suficiente para formar una masa apenas integrada. Amasar brevemente sobre una superficie ligeramente enharinada. Envolver en film y refrigerar 20 minutos.

2 Extender la masa hasta que tenga un espesor de 5 mm/¼ in y cubrir la base de un molde cuadrado de 23 cm/9 in, engrasado y enharinado.

3 Para la cubierta, acomodar las manzanas y los dátiles sobre la masa. Colocar en un bol el requesón, el azúcar, la harina, la leche, los huevos y el coñac y batir hasta homogeneizar. Disponer la mezcla de requesón sobre la fruta, alisar y hornear 1 hora o hasta que la cubierta esté firme. Dejar enfriar en el molde y cortar en cuadrados.

36 unidades

92 calorías por unidad
Bajo en grasas   **Bajo** en fibras

ingredientes

1 ½ taza/235 g/7 ½ oz de harina leudante integral
60 g/2 oz de mantequilla o margarina
½ taza/100 g/3 ½ oz de azúcar superfina
¼-⅓ taza/60-90 ml/2-3 fl oz de agua helada

Cubierta de manzana y dátiles
440 g/14 oz de manzanas en lata, escurridas
90 g/3 oz de dátiles frescos o secos, sin hueso, en mitades
500 g/1 lb de requesón, escurrido
½ taza/100 g/3 ½ oz de azúcar superfina
2 cucharadas de harina
½ taza/125 ml/4 fl oz de leche reducida en grasas
2 huevos, ligeramente batidos
1 cucharada de coñac

cheesecake
cremosa

Preparación

1 Para hacer la base, combinar los bizcochos desmenuzados, las avellanas y la mantequilla. Extender en el fondo de un molde desmontable de 20 cm/8 in, ligeramente engrasado, y reservar.

2 Para preparar el relleno, poner en un procesador o licuadora el requesón, el queso cottage, el semolín, la buttermilk y las yemas y procesar hasta homogeneizar.

3 Batir las claras a punto nieve. Agregar el azúcar por cucharadas, batiendo bien cada vez hasta lograr un merengue espeso y brillante.

4 Con movimientos envolventes unir las claras con la mezcla de queso, la cáscara de limón y las pasas. Pasar al molde preparado y hornear 50-55 minutos o hasta que esté firme. Dejar enfriar en el molde.

8 porciones

334 calorías por porción
Medio en grasas   **Bajo** en fibras

ingredientes

Base
125 g/4 oz de bizcochos dulces, desmenuzados
1 cucharada de avellanas molidas
60 g/2 oz de mantequilla, derretida

Relleno
250 g/8 oz de requesón
125 g/4 oz de queso cottage
1 cucharada de semolín fino
2 cucharadas de buttermilk
3 yemas
3 claras
3/4 taza/190 g/6 oz de azúcar superfina
2 cucharaditas de cáscara de limón rallada
3 cucharadas de pasas de uva sultanas

Temperatura del horno 180°C/350°F/Gas 4

Temperatura del horno 200°C/400°F/Gas 6

fruta
brûlée

Preparación

1 Colocar la manzana, las pasas y la canela en un bol y remover para combinar. Dividir la mezcla en cuatro moldes de 1 taza/250 ml/ 8 fl oz de capacidad.

2 Para hacer la cubierta, poner el yogur, el requesón y la esencia de vainilla en un procesador o licuadora y procesar hasta homogeneizar. Extender sobre la fruta, espolvorear con el azúcar y hornear 25 minutos o hasta que la fruta esté caliente y la cubierta dorada.

4 porciones

158 calorías por porción
Bajo *en grasas* **Medio** *en fibras*

ingredientes

440 g/14 oz de relleno sin azúcar para pastel de manzana, en lata
4 cucharadas de pasas de uva sultanas
1 cucharadita de canela molida

Cubierta de yogur
¹/₂ taza/100 g/3 ¹/₂ oz de yogur natural bajo en grasas
¹/₂ taza/125 g/4 oz de requesón
1 cucharadita de esencia de vainilla
1 ¹/₂ cucharada de azúcar morena

La cocina no es una ciencia exacta; para cocinar no se necesitan balanzas calibradas, pipetas graduadas ni equipamiento de laboratorio. Pero en algunos países, la conversión del sistema imperial al métrico o viceversa puede intimidar a muchos buenos cocineros.

En las recetas se indica el peso sólo de ingredientes tales como carnes, pescado, pollo y algunas verduras. Sin embargo, unos gramos (u onzas) en más o en menos no estropearán el éxito del plato.

Si bien estas recetas fueron probadas utilizando como estándares taza de 250 ml, cuchara de 20 ml y cucharita de 5 ml, también resultarán con tazas de 8 fl oz o de 300 ml. Se dio preferencia a las medidas indicadas según recipientes graduados en lugar de las expresadas en cucharadas, de modo que las proporciones sean siempre iguales. Cuando se indican medidas por cucharadas no se trata de ingredientes críticos, de manera que emplear cucharas algo más pequeñas no afectará el resultado de la receta. En el tamaño de la cucharita, al menos, todos coincidimos.

En cuanto a los panes, pasteles y tartas, lo único que podría causar problemas es el empleo de huevos, ya que las proporciones pueden variar. Si se trabaja con una taza de 250 ml o 300 ml, utilizar huevos grandes (60 g/2 oz); con la taza de 300 ml puede ser necesario agregar un poco más de líquido a la receta; con la taza de 8 fl oz, utilizar huevos medianos (50 g/1 $^3/_4$ oz). Se recomienda disponer de un juego de tazas y cucharas medidoras graduadas, en particular las tazas para medir los ingredientes secos. Recuerde rasar los ingredientes para asegurar la exactitud en la medida.

Medidas norteamericanas

Se supone que una pinta americana es igual a 16 fl oz; un cuarto, a 32 fl oz y un galón, a 128 fl oz. En el sistema imperial, la pinta es de 20 fl oz; el cuarto, de 40 fl oz y el galón, de 160 fl oz.

Medidas secas

Todas las medidas se consideran al ras. Cuando llene la taza o cuchara, rase el nivel con el filo de un cuchillo. La escala que se presenta a continuación es de "equivalentes para cocinar", no es la conversión exacta del sistema métrico al imperial. Para calcular las equivalencias exactas, use la proporción de 2,2046 lb = 1 kg o 1 lb = 0,45359 kg.

Métrico	Imperial	
g = gramos	oz = onzas	
kg = kilogramos	lb = libras	
15 g	$^1/_2$ oz	
20 g	$^2/_3$ oz	
30 g	1 oz	
60 g	2 oz	
90 g	3 oz	
125 g	4 oz	$^1/_4$ lb
155 g	5 oz	
185 g	6 oz	
220 g	7 oz	
250 g	8 oz	$^1/_2$ lb
280 g	9 oz	
315 g	10 oz	
345 g	11 oz	
375 g	12 oz	$^3/_4$ lb
410 g	13 oz	
440 g	14 oz	
470 g	15 oz	
1000 g - 1 kg	35,2 oz -2,2 lb	
1,5 kg	3,3 lb	

Temperatura del horno

Las temperaturas Celsius que damos no son exactas; están redondeadas y se incluyen sólo como guía. Siga la escala de temperaturas del fabricante de su horno, cotejando con el tipo de horno que se describe en la receta. Los hornos de gas calientan más en la parte superior; los hornos eléctricos, más en la parte inferior, y los hornos por convección suelen ser parejos. Incluimos la escala Regulo para cocinas de gas, que puede ser de utilidad. Para convertir grados Celsius a Fahrenheit, multiplique los °C por 9, divida por 5 y luego sume 32.

Temperaturas **del horno**

	°C	°F	Regulo
Muy bajo	120	250	1
Bajo	150	300	2
Moderadamente bajo	160	325	3
Moderado	180	350	4
Moderadamente alto	190-200	370-400	5-6
Caliente	210-220	410-440	6-7
Muy caliente	230	450	8
Máximo	250-290	475-500	9-10

Medidas **de moldes redondos**

Métrico	Imperial
15 cm	6 in
18 cm	7 in
20 cm	8 in
23 cm	9 in

Medidas **de moldes rectangulares**

Métrico	Imperial
23 x 12 cm	9 x 5 in
25 x 8 cm	10 x 3 in
28 x 18 cm	11 x 7 in

Medidas **de líquidos**

Métrico	Imperial	Taza y cuchara
ml	fl oz	
mililitros	onzas líquidas	
5 ml	$1/6$ fl oz	1 cucharadita
20 ml	$2/3$ fl oz	1 cucharada
30 ml	1 fl oz	1 cucharada más 2 cucharaditas
60 ml	2 fl oz	$1/4$ taza
85 ml	2 $1/2$ fl oz	$1/3$ taza
100 ml	3 fl oz	$3/8$ taza
125 ml	4 fl oz	$1/2$ taza
150 ml	5 fl oz	$1/4$ pinta
250 ml	8 fl oz	1 taza
300 ml	10 fl oz	$1/2$ pinta
360 ml	12 fl oz	1 $1/2$ taza
420 ml	14 fl oz	1 $3/4$ taza
500 ml	16 fl oz	2 tazas
600 ml	20 fl oz - 1 pinta	2 $1/2$ tazas
1 litro	35 fl oz - 1 $3/4$ pinta	4 tazas

Medidas **por tazas**

Una taza de los siguientes ingredientes equivale, en peso, a:

	Métrico	Imperial
Albaricoques secos, picados	190 g	6 oz
Almendras enteras	155 g	5 oz
Almendras fileteadas	90 g	3 oz
Almendras molidas	125 g	4 oz
Arroz cocido	155 g	5 oz
Arroz crudo	220 g	7 oz
Avena en hojuelas	90 g	3 oz
Azúcar	250 g	8 oz
Azúcar glass, tamizada	155 g	5 oz
Azúcar morena	155 g	5 oz
Cáscara de cítricos confitada	220 g	7 oz
Chocolate en trocitos	155 g	5 oz
Ciruelas secas, picadas	220 g	7 oz
Coco deshidratado	90 g	3 oz
Frutas desecadas (surtidas, pasas de uva)	185 g	6 oz
Frutas secas, picadas	125 g	4 oz
Germen de trigo	60 g	2 oz
Grosellas	155 g	5 oz
Harina	125 g	4 oz
Hojuelas de maíz	30 g	1 oz
Jengibre confitado	250 g	8 oz
Manzanas secas, picadas	125 g	4 oz
Materia grasa (mantequilla, margarina)	250 g	8 oz
Miel, melaza, jarabe de maíz	315 g	10 oz
Pan seco molido, compacto	125 g	4 oz
Pan seco molido, suelto	60 g	2 oz
Queso rallado	125 g	4 oz
Semillas de ajonjolí	125 g	4 oz

Longitud

A algunos les resulta difícil convertir longitud del sistema imperial al métrico o viceversa. En la escala siguiente, las medidas se redondearon para obtener números más fáciles de usar.

Para lograr la equivalencia exacta de pulgadas a centímetros, multiplique las pulgadas por 2,54, en virtud de lo cual 1 pulgada es igual a 25,4 milímetros y un milímetro equivale a 0,03937 pulgadas.

Métrico	Imperial
mm = milímetros	in = pulgadas
cm = centímetros	ft = pies
5 mm - 0,5 cm	$1/4$ in
10 mm - 1,0 cm	$1/2$ in
20 mm - 2,0 cm	$3/4$ in
2,5 cm	1 in
5 cm	2 in
8 cm	3 in
10 cm	4 in
12 cm	5 in
15 cm	6 in
18 cm	7 in
20 cm	8 in
23 cm	9 in
25 cm	10 in
28 cm	11 in
30 cm	1 ft, 12 in

índice